34807

# LETTRE

## SUR LA MUSIQUE,

### EN RÉPONSE A M. AMAR,

Auteur de l'Analyse de l'ouvrage de M. Villoteau, insérée
dans le *Moniteur* du 27 octobre 1807.

### PAR CHRÉTIEN,

ANCIENNEMENT MUSICIEN DE L'OPÉRA,
ET ENSUITE DE LA CHAPELLE DU ROI.

BIBLIOTHEQUE ROYALE

# A PARIS,

## DE L'IMPRIMERIE DE GIGUET ET MICHAUD,

RUE DES BONS-ENFANTS, N°. 34.

M. DCCC. VII.

# LETTRE
## SUR LA MUSIQUE.

### A M. AMAR.

Monsieur,

Plus je me suis attaché à comprendre vos opinions sur la musique, dans le Moniteur du 27 octobre dernier, plus j'ai été persuadé que nous avons besoin d'une théorie pour argumenter raisonnablement et définir convenablement les différentes parties de cet art. En général, les bases en ont été si imparfaitement déterminées jusqu'à présent, qu'il en résulte dans les idées de tous ceux qui en parlent en Italie, en Allemagne et en France, une divagation, une obscurité et une incohérence très nuisibles aux véritables lumières que vous et M. de Momigny avez encore laissé à désirer.

Frappé de la hardiesse de votre éloquence, j'ai été forcé de penser que vous aviez habituellement une judiciaire très facile, puisque vous avez acquis assez de confiance en vous pour oser critiquer les hommes d'esprit jusque dans les projets qu'ils se plaisent à former loin de vous. J'ai admiré la transcendance avec laquelle vous classez les hommes de mérite, et cette tournure ingénieuse pour présenter M. de Momigny comme bien supérieur à l'homme auquel vous veniez de prêter des inventions ridicules. Vos plaisanteries piquantes montrent beaucoup d'esprit; mais trop d'esprit nous égare quelquefois, de sorte qu'on serait peut-être en droit de vous en reprocher une surabondance, en faisant attention qu'il était inutile de ridiculiser et de critiquer un homme et un ouvrage inconnus, et de vanter avec exagération M. de Momigny, lorsqu'il ne s'agissait d'après votre titre, que de donner une analyse de l'ouvrage de M. Villoteau.

On souffre en cherchant le but de votre analyse; car vous laissez distinguer plus facilement la critique que les éloges; vous

environnez ces derniers de quantité d'expressions, qui n'étant pas à l'usage de tout
le monde, font mieux ressortir les char-
mes de votre philosophie que les beautés de
l'ouvrage dont vous étiez en état de donner
une idée plus distincte.

Malgré ma sincère vénération pour les
philosophes *véridiques*, les seuls *sages* que
je connaisse, votre genre d'analyse m'a rappelé un court passage de Locke, lorsqu'il
parle des abus de la philosophie et des mots.
Je suis loin de vouloir vous l'appliquer tout
entier; mais il est curieux; vous me l'avez
rappelé, et le voici :

» D'ailleurs, il n'y a pas de meilleur
» moyen, pour mettre en vogue ou pour dé-
» fendre des doctrines étrangères et absur-
» des, que de les munir d'une légion de mots
» obscurs, douteux et indéterminés; ce qui
» rend pourtant ces retraites bien plus sem-
» blables à des cavernes de brigands ou des
» tannières de renards, qu'à des forteresses
» de généreux guerriers; car s'il est difficile
» d'en chasser ceux qui s'y réfugient, ce
» n'est pas à cause de la force de ces lieux-là,
» mais à cause des ronces, des épines et de
» l'obscurité dont ils sont environnés : la

» fausseté étant par elle-même incompatible
» avec l'esprit de l'homme, il n'y a que l'obs-
» curité qui puisse servir de défense à ce qui
» est absurde. »

Je ne suis donc pas tout-à-fait de votre avis relativement à M. Villoteau : je viens de parcourir son ouvrage ; il m'a paru extrêmement intéressant par la quantité des traditions qu'il renferme ; il les a si bien liées et classées, qu'il y aura toujours beaucoup à acquérir en le suivant dans ses réflexions. On montrerait une prévention prématurée et répréhensible, en pressentant défavorablement les résultats qu'il pourra tirer de sa profonde étude et de ses belles recherches ; j'ose dire qu'il serait injuste de former aucunes conjectures contraires au mérite et aux intérêts présents et à venir, d'un homme auquel vous ne reprochez que d'avoir employé trop d'érudition, pour prouver, dites-vous, *ce qui n'était pas , ce qui ne pourrait être en question...... et d'avoir eu trop long-temps raison.* C'est un reproche que bien des gens seraient encore heureux de mériter : M. Villoteau méritait infiniment plus, surtout de la part d'un homme spirituel et éclairé comme vous devez l'être.

Définitivement vous ne voulez point de théories nouvelles pour la musique, et votre plus grand argument pour prouver qu'elles sont impossibles ou qu'elles seraient inutiles, est de dire que les grands maîtres de l'art, les seuls dont l'autorité puisse être de quelque poids, ont depuis long-temps, par leur bonne musique, *persuadé les cœurs* : cela ne me paraît pas plus convaincant que si vous disiez qu'ils ont *touché les intelligences*. Pardonnez à mon cœur son manque de compréhension, et permettez à mon entendement, seul accessible à la persuasion, de solliciter de votre part des expressions plus analogues à ma manière d'être.

Comme tous ceux qui ont une âme sensible, je suis ravi de l'éloquence sonore des célèbres compositeurs qui reçoivent de la nature l'heureux don d'émouvoir les cœurs sans avoir besoin de rien faire entendre qui paraisse intelligible ; mais mon organisation est telle, que cela ne me prouvera jamais que l'homme doive renoncer aux facultés de sa raison, pour se borner à sentir et à copier la musique de ceux qui ont senti et copié avant lui.

Songez donc que la sensibilité est donnée

aux animaux de toute espèce ; qu'il y en a
de très imitateurs, et que l'homme ne peut
se distinguer de toutes les bêtes, qu'en cherchant à raisonner et à classer ses sensations ;
que c'est par cette prérogative qui lui appartient exclusivement, que se sont formées les
grammaires, et que l'on a réduit en principes
tous les beaux moyens du raisonnement, de
la bonne éloquence et de la sage philosophie ;
que c'est ainsi enfin qu'il est permis de désirer une théorie pour la musique.

J'ai remarqué particulièrement l'énergie
singulière avec laquelle vous dites : « Loin
» de nous à jamais ces théories nouvelles
» qui ne tendraient à rien moins qu'à retenir
» les arts dans une enfance perpétuelle, en
» ramenant sans cesse l'artiste à de nouveaux
» éléments, en déroutant sans cesse ses idées
» qui dans le conflit d'opinions diverses, ne
» saurait bientôt plus de quel point partir ni
» à quel principe se rattacher ; il y a trop d'ar-
» bitraire dans la musique pour songer à
» l'assujétir jamais à une théorie, etc. » Et ce-
pendant M. de Momigny a fait une nouvelle
théorie que vous voulez croire bonne ; il a,
dites-vous, analysé son art, comme Locke et
Condillac ont analysé les langues ; puis, il

reste tant d'arbitraire que vous ne voulez plus de théorie. Que de contradictions ! Un enfant paresseux ou un paysan ignorant, pour se débarrasser de l'étude et de toutes les grammaires, dirait aussi : « Est-ce que » nous ne parlons pas français donc? Est-ce » que nous n'avons pas eu l'art de persuader » en quantité d'occasions? Loin de nous à » jamais, etc.... Il y a trop d'arbitraire dans » la langue, etc.....»

Vous vous êtes permis des exagérations si grandes en faveur de M. de Momigny ; elles me paraissent tellement préjudiciables aux vrais principes, que je vous prie de m'admettre *dans le très petit nombre de ceux auxquels il appartient de le lire, de l'entendre, et d'avoir l'honneur de le rectifier ;* d'ailleurs il pourra vous certifier, que dès les premiers numéros de son cours complet d'harmonie et de composition, j'eus occasion de lui faire remarquer qu'il y avait une erreur capitale et matérielle dans le principe fondamental de sa théorie : certainement la gamme était la première matière qu'il fallait savoir épurer, et M. de Momigny, en faisant la découverte de ce qu'il appela le vrai type, ne s'était pas aperçu de ce qui existe invariablement dans le monocorde *sol*, où il croyait trouver naturellement et bien mieux que Rameau, le modèle de toutes les gammes.

Je lui démontrai incontestablement, que les divisions 7, 8, 9, 10, 11, 12, 13 du monocorde *sol*, donnent en apparence les sons *fa*, *sol*, *la*, *si*, *ut*, *ré*, *mi*; mais que ces sons ne peuvent pas être également admis dans notre musique, parce que 1°. l'*ut* serait environ un quart de ton trop haut; 2°. le *mi* de la même quantité trop bas; 3°. le *fa* aussi très sensiblement trop bas : pour vérifier ce fait, on peut même se dispenser de la géométrie; il suffit de faire rendre les sons dont il s'agit à un cor de chasse que l'on appellera en *sol*, afin de se faire une idée de la gamme d'*ut* de M. de Momigny. Lorsqu'on entendra combien cette mélodie serait discordante et hors des principes qui l'ont dirigé dans ses *beaux quatuors*, on jugera combien l'*ut qu'il comparait au soleil au milieu des sept planètes*, se trouverait éclipsé par l'affreuse harmonie d'un pareil système. On sera persuadé qu'il a rectifié cette faute impardonnable, qui ferait croire qu'il ne sut jamais ce que c'est que la gamme, ou qu'il a composé sa musique par des inspirations plus naturelles et contraires à la fausse science dont il fit étalage en ce temps.

D'une autre part, vous avancez qu'il a suffisamment prouvé que la musique est une langue; je vous prie de m'indiquer dans quel endroit de son ouvrage se trouvent ces preuves convaincantes qui l'égalent, dites - vous, à Locke et à Condillac.

S'il eût seulement semblé connaître les différents points dans lesquels la musique peut ressembler aux langues, vous eussiez été, je crois, moins hardi à tourner en ridicule l'homme qui espéra vous donner une grammaire musicale; si la langue musicale était suffisamment définie, existerait-il tant de discussions pleines de préventions et d'ignorance sur les musiques allemande, italienne et française; sur l'harmonie, sur la mélodie? Si M. de Momigny, *plein de Locke et de Condillac, avait été capable de faire pour son art ce que ces grands hommes ont fait pour le langage usuel,* aurait-il prouvé il y a deux ans qu'il ne connaissait pas les principes de la gamme d'*ut* ?

Vous pensez qu'on doit *deviner les prin-*

cipes de la langue musicale dans les inspirations et dans les compositions des maîtres célèbres ; mais cette manière d'apprendre et de deviner ne ressemble qu'à la pratique routinière d'un aveugle qui veut montrer à jouer du violon à un autre aveugle : écoute comme je fais, fais de même, et le camarade devine comme il faut placer les doigts et conduire l'archet ; cette manière d'argumenter en vaut certainement bien une autre pour des aveugles qui ont un cœur; mais on peut croire que pour ceux qui ont de bonnes vues et une intelligence bien conditionnée, il est peut-être des moyens plus lumineux, plus avantageux et aussi naturels.

Vous devez sentir que si vous réduisez toute la science musicale à la seule habitude d'entendre la musique de certains maîtres, il faudra pardonner à beaucoup de gens de ne pas aimer les quatuors de M. de Momigny, puisque c'est son premier ouvrage en ce genre, et que tout le monde n'a pas encore contracté l'heureuse habitude d'entendre de la musique comme la sienne.

Que répondriez-vous à ces entêtés qui pensent: 1°. que ce sont les plans d'une harmonie bien étudiée qui, bien plus que le rhythme, constituent les périodes dans tous les morceaux de musique; 2°. que c'est l'entrelacement et l'analogie des modes qui forment l'organisation des phrases; 3.° que ce sont les accords et leurs relations naturelles qui constituent chaque mode en particulier? Moi je suis certain que l'harmonie est la base de toute bonne musique, et que la mélodie ne tire toutes ses expressions variées que du sentiment des accords présents ou sous-entendus, et de leurs relations harmoniques dans lesquelles réside la syntaxe du langage musical; syntaxe qu'il faut au moins sentir comme tous ces grands hommes, les célèbres compositeurs, qui n'eurent jamais besoin de copier personne, et qui seront toujours copiés par tous les pauvres de génie et d'instructions. Je ne craindrai donc pas de vous assurer que quelques connaisseurs ont cru remarquer que ces moyens employés par les grands compositeurs sont tellement ménagés par M. de Momigny, qu'on peut quelquefois blâmer son économie mal entendue dans les relations harmoniques, d'où il résulte que sa mélodie n'a pas tout le charme qu'elle pourrait avoir, si elle eût été traitée par les grands hommes dont je viens de parler, et qui sont au moins supérieurs à M. de Momigny, comme M. de Momigny est supérieur à l'homme d'esprit dont vous avez parlé avant lui.

Enfin si vous voulez revoir attentivement quelques idées dans votre annonce, ou votre critique de l'ouvrage de M. Villoteau, vous sentirez avec tous ceux qui ont un peu de bon sens et d'instruction, qu'une bonne théorie pour la musique est extrêmement à désirer, afin d'asseoir les jugements et détruire tous les faux raisonnements qui ne cessent de masquer l'ignorance des maîtres, répandre les ténèbres, plonger le découragement dans l'âme des élèves, et assassiner leur intelligence.

Pardonnez à l'inventeur du physionotrace ces deux derniers tableaux qui sont un peu de profil, et ne désespérons pas que l'on puisse parvenir au but que j'ai toujours désiré; n'imitons pas le renard de Lafontaine qui trouve les raisins trop verts; consolons les hommes laborieux et bien intentionnés qui n'ont pas toujours le bonheur de réussir; sollicitons amicalement ceux qui peuvent franchement nous éclairer; surtout ne vantons jamais nos amis au préjudice de la vérité.

Afin que vous ne cherchiez pas long-temps
le motif personnel qui a pu me dicter quel-
ques-unes de mes observations , je vous annonce que je me dispose aussi à publier quelques essais que j'ai mûris environ une tren-
taine d'années , pour les rendre très peu vo-
lumineux et beaucoup intelligibles. Ils ne vau-
dront peut-être quelque chose qu'après avoir
été critiqués par vous , revus , corrigés et
augmentés par beaucoup d'autres, et pendant
plusieurs siècles ; mais cela sera très naturel ;
j'ai appris à être sincèrement modeste , je
sais que c'est ainsi que les connaissances hu-
maines font quelquefois de nouveaux pro-
grès. Vous voyez que je n'ai point envie de
m'abuser, ni d'égaler dans votre esprit M. de
Momigny qui vous semble avoir tout pensé,
tout deviné , tout fait , et tout dit. Il se pourra
que mes essais restent dans l'oubli avec tant
d'autres qui ne méritèrent pas davantage ;
il me restera au moins la satisfaction d'avoir
rendu hommage à M. Villoteau , d'avoir fait
ce qui était en mon pouvoir pour mériter le
nom d'homme, en ne me bornant pas à sentir ;
et enfin l'honneur d'avoir rectifié M. de Momigny en cherchant à vous électriser ainsi
que tous ceux qui sont plus capables que moi

de faire oublier les faux raisonnements, et de démontrer les causes et les lois naturelles des relations harmoniques, d'où dérivent toutes les expressions de la mélodie et du langage musical, à ce que je crois.

De manière que la grammaire que vous avez ridiculisée pourra paraître un jour.

CHRÉTIEN.

www.ingramcontent.com/pod-product-compliance
Lightning Source LLC
LaVergne TN
LVHW021508060726
842527LV00006B/2523